Brita Hansen

Seidenmalerei für Einsteiger

Brita Hansen

Seidenmalerei für Einsteiger

Schritt für Schritt zum Erfolg

Augustus Verlag

Inhalt

Einführung

Zauberhafte Tücher zum Umlegen oder als Wohnungsschmuck lassen sich mit der Seidenmalerei realisieren. Ein paar Grundkenntnisse, schon zaubern Sie in kürzester Zeit Ihre Ideen auf die Seide.

Mein Kompliment – Sie haben Geschmack!

Seidenmalerei ist ein künstlerisches Hobby mit Anspruch. Das liegt zum einen an dem verführerischen Material Seide, zum anderen an den herrlich brillanten Farben, mit denen sich das kostbare Material so schnell und so unnachahmlich verschönern läßt.

Die Industrie stellt heute ein schier unüberschaubares Angebot an Malutensilien, Farben, Gerätschaften und Textilien bereit, womit das Arbeiten auf Seide ungeheuer vereinfacht wurde. Daraus eine sinnvolle Grundausstattung für den Anfänger zusammenzustellen und ein paar nützliche Tips, wie man sich das Arbeiten zu Hause angenehm gestalten kann, damit soll es losgehen.

Um wirklich schöne Ergebnisse schaffen zu können, muß man Erfahrungen mit dem Material sammeln und die wichtigsten Maltechniken beherrschen lernen: das ist das Ziel dieses Buches. Keine Angst, es wird keine graue Theorie vermittelt, sondern alles was man wissen muß, wird anhand von Fotos praktisch demonstriert: Vom Aufspannen der Seide bis zum Fixieren der fertigen Kunstwerke, Schritt für Schritt wird jeder Handgriff, jede Maltechnik von der Aquarelltechnik bis zur Konturenmalerei in Wort und Bild vorgestellt und genau erklärt, so daß man gleich zu malen anfangen kann und im Nacharbeiten alles praktisch erprobt und eintrainiert.

Nutzen Sie auch den beiliegenden Vorlagenbogen, wenn Ihnen nicht sofort ein eigener Entwurf gelingen will oder Sie rasch ein vorzeigbares Ergebnis schaffen wollen. Allerdings soll auch noch viel Raum für eigenes Ausprobieren und Experimente bleiben, daran liegt mir besonders: Nur so finden Sie heraus, was Ihnen Spaß macht, oder kommen zu völlig neuen, überraschenden Formen und eigenen, aufregenden Mustern.

Zu jeder Technik werden auf traumhaften Fotos auch gleich Vorschläge gemacht, was man aus der Seide alles gestalten kann: vom Umlegetuch passend zur Garderobe, über geschmackvolle Kissenhüllen bis zu Gardinen und Vorhängen, Wandbilder und Lampenschirmen und vielem anderen mehr.

Lassen Sie sich inspirieren und verführen ...

Ihre

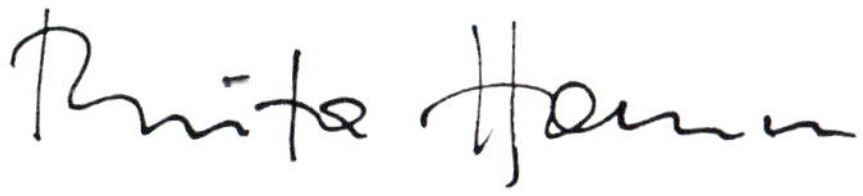

Was man zum Seidenmalen braucht

Rahmen *sollten auf unterschiedliche Größe einstellbar sein. Am besten eignen sich stufenlos verstellbare Rahmen. Aber auch einfache Steckrahmen sind sehr nützlich. Aus möglichst weichem Holz kann man sich einen Rahmen selbst fertigen lassen; Weichholz deshalb, damit sich die Dreizackstifte leicht eindrücken lassen.*

Klebeband *benötigen Sie zum Abkleben Ihres Rahmens, damit die Farbe nicht ins Holz eindringt.*

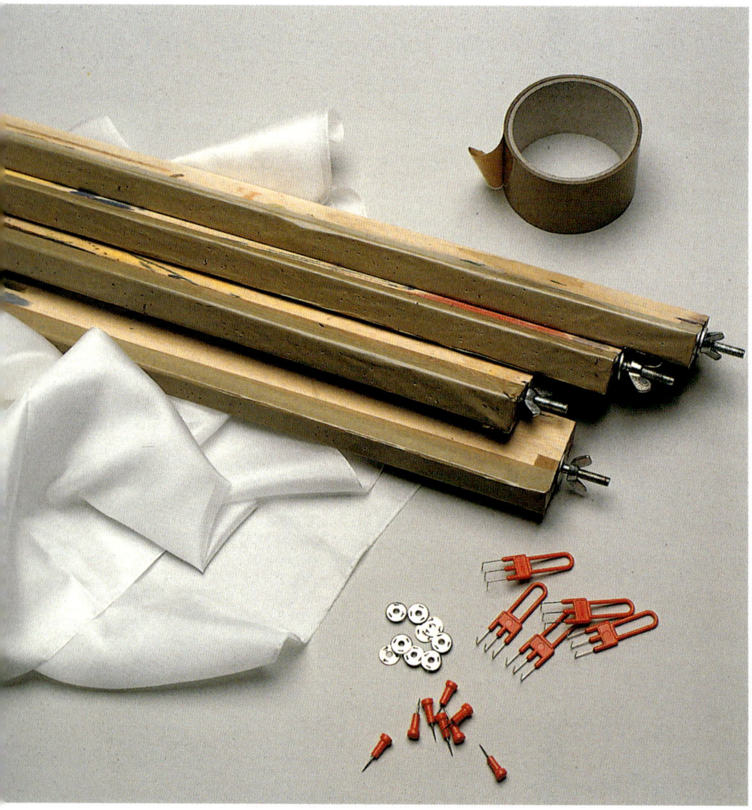

Seide: *Ob Meterware oder Tuch mit Rollsaum, Seide gibt es in unterschiedlicher Dichte und Webart, wie Pongé, Crepe de Chine, Crepe Satin, usw. Verwenden Sie als »Einsteiger« am besten leichte Qualitäten wie z.B. einfachen Pongé 5 oder 6.*

Stifte zum Befestigen der Seide: *Dreizackstifte verwenden Sie für ungerollte Meterware. Fertige Tücher, Schals oder auch Kleidungsstücke befestigen Sie mit Markierungsnadeln oder Spannkrallen.*

Pinsel: *Für größere Farbflächen benötigen Sie einen Flächenstreicher etwa 2 Zoll breit oder einen Haarpinsel Gr. 16. Für kleinere und feine Flächen eignen sich Pinsel mit feiner Spitze von Gr. 6 bis 12.*

Seidenmalfarben: *Zwei Arten von Seidenmalfarben unterscheidet man zum Bemalen der Seide: erstens Bügelfarben, die nach dem Farbauftrag einfach mit dem Bügeleisen fixiert werden, zweitens Dampffixierfarben, die etwas aufwendiger, nach dem Auftrag im Dampfdrucktopf oder Dampffixiergerät fixiert, d.h. waschbeständig gemacht werden. Seide, die mit dampffixierten Farben bemalt wurde, besitzt einen starken Glanz und fließt besonders weich. Am Ende des Buches werden beide Fixiermethoden nochmals ausführlich erklärt.*

Gutta *oder Konturenmittel, benzin- oder wasserlöslich, verwenden Sie, um Farbflächen klar voneinander abzugrenzen. Diese sind transparent oder farbig. Benzinlösliche Gutta verwendet man in der Regel in Kombination mit Dampffixierfarben. Für die Bügelfarben empfiehlt sich das wasserlösliche Konturenmittel.*

Grundausstattung: Holzrahmen, Seide, Klebeband, Nadeln (unten), Dreizackstifte (links) und Spannkrallen (rechts darüber) zum Befestigen der Seide.

Malflasche und Feder: *Gutta oder Konturenmittel werden aus Malfläschchen auf die Seidenfläche aufgetragen. Die aufsetzbare Feder reguliert die Stärke der Linie.*

Phantom- oder Sublimatstift: *Er hilft Vorzeichnungen schonend auf die Seide zu übertragen. Bei anschließendem Farbauftrag oder Wasserkontakt verschwindet die Kontur im Nu.*

Alkohol und Reinigungsbenzin: *Sollten Sie mit Dampffixierfarben malen, benötigen Sie 70% igen Alkohol aus der Apotheke, um die Farben mit Wasser (beachten Sie die Empfehlung der Farbhersteller!) zu verdünnen. Reinigungsbenzin verwendet man zum Verdünnen der benzinhaltigen Gutta und zum Entfernen der Guttakontur aus der bemalten Seide.*

Einfaches Haushalts- oder Effektsalz: *Zauberhafte Effekte erzielen Sie durch Aufstreuen von Salz. Das feine Speisesalz bewirkt feine Linien, das gröbere Effektsalz läßt bizarre Formen entstehen.*

Farbverdicker: *Mit ihm lassen sich die flüssigen Seidenmalfarben andicken. Für eine Monotypie, eine Abklatschtechnik, und alle weiteren Drucktechniken sind angedickte Farben unerläßlich.*

Aquarellgrund: *Aufgetragen auf eine bereits bemalte Fläche, verhindert der Aquarellgrund das »Zerfließen« des einzelnen Pinselstriches im nächsten Farbauftrag. Unerläßlich für jede konkrete Malerei wie Landschaft oder Stilleben ohne Gutta.*

Pipette: *Mit Pipetten aus Glas oder Kunststoff bestimmen Sie die richtige Verdünnung der Farben.*

Mischpalette: *Kleinere Mengen von Farben mischen und vermalen Sie am besten auf einer Mischpalette aus Porzellan oder Kunststoff.*

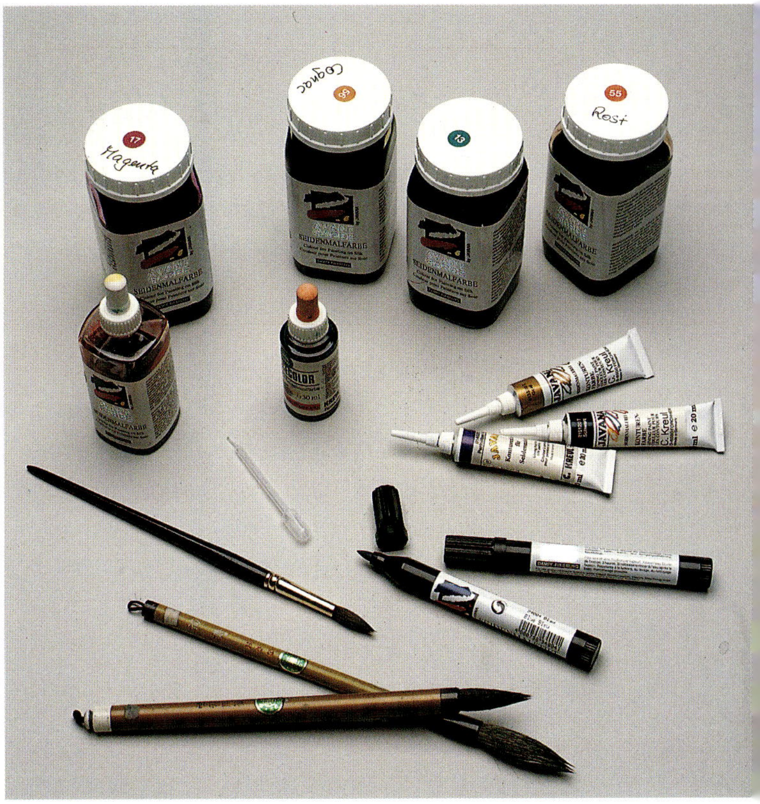

Farben, Pinsel, Konturenmittel sind unentbehrlich für die Seidenmalerei. Sehr nützlich zum Dosieren sind die Farbflaschen mit eingebauter Pipette. Der Filzschreiber enthält Seidenmalfarbe und ist nachfüllbar.

Wasserbehältnis und Farbschalen: *Zum Auswaschen der Pinsel benötigen Sie ein großes Wasserglas, das kann z.B. ein Einmachglas sein. Kleinere Behältnisse, verschließbare Joghurtgläser oder auch Reisschälchen beispielsweise, eignen sich hervorragend zum Anmischen und Vermalen der Farbe.*

Wattestäbchen: *Mit ihnen saugen Sie ein Zuviel an Farbe einfach auf. Farbflecke und andere Pannen werden mit Alkohol angelöst und mit Wattestäbchen aufgenommen.*

Fön: *Er ist unerläßlich zum Trocknen von noch feuchter Farbe. Mit ihm lassen sich auch spezielle Effekte wie z.B. das Einfönen von Aureolen erzielen, siehe S. 22.*

Küchenkrepp *zum Entfernen von Farbresten und zum Trocknen der Malpinsel. Achten Sie beim Kauf auf möglichst unbedrucktes, weißes Papier. Farbunterschiede lassen sich darauf leichter erkennen.*

Dampfkochtopf oder Fixiergerät: *Wenn Sie mit Dampffixierfarben malen, brauchen Sie einen Dampfkochtopf oder ein Profi-Fixiergerät, um die Farben dauerhaft mit der Seide zu verbinden. Profi-Fixiergeräte sind in unterschiedlicher Aufmachung und Größe plus Verlängerungsgerät für bis 1,40 m breite Seiden im Handel erhältlich.*

Bügeleisen: *Bügelfarben brauchen Sie lediglich nach dem Trocknen einbügeln – schon sind sie fixiert.*

Der Arbeitsplatz – Ein Platz zum Wohlfühlen

Bevor Sie mit dem Malen beginnen, sichern Sie sich einen Platz, an dem Sie ungestört sind. Ganz wichtig ist die »richtige« Atmosphäre, um kreativ werden zu können. Der ideale Arbeitsplatz muß nicht nur über gute Lichtverhältnisse verfügen, er sollte auch die Möglichkeit schaffen, schöpferischen Gedanken nachhängen zu können. Also sollte Sie die Umgebung, vielleicht durch Bilder oder Bücher oder auch Musik, zu neuen Ideen inspirieren können. Ebenso wichtig ist es, eine eigene Farbtabelle der zur Verfügung stehenden Farben im Blickfeld zu haben. Nur so lernt man im Laufe der Zeit den objektiven Umgang mit den eigenen Farben.

Ihr Arbeitsplatz sollte aber auch praktisch sein. Am besten verwenden Sie einen abwaschbaren Tisch, auf dem sowohl Rahmen als auch Farben ausreichend Platz haben. Im anderen Fall improvisieren Sie einen Platz für den Rahmen aus Malerböcken und daran angebrachten Holzleisten. Hierauf kann der Rahmen sicher aufgelegt werden. Daneben bietet vielleicht ein ausrangierter Teewagen die ideale Fläche für Ihre Farben. Achten Sie auf ausreichenden Raum, damit Sie um den Rahmen herum gehen und von allen Seiten malen können.

Ganz wichtig ist auch der richtige Bodenbelag. Ist der nicht abwaschbar, schützen Sie ihn mit Baustoffolie.

Sehr sinnvoll sind Farbschälchen, in denen man Farbe in ausreichender Menge mischen kann. Wattestäbchen, Phantomstift, Effektsalz, Verdickungsmittel und Kamm erweitern die Ausrüstung.

Ein paar vorbereitende Handgriffe

Abkleben des Rahmens

Bevor Sie den Rahmen zusammensetzen, sollten Sie die einzelnen Leisten einmalig z.B. mit Paketband auf der Oberseite abkleben. Nach dem Malen können Sie überschüssige Farbe mit Küchenkrepp davon leicht abwischen.

Aufspannen der Seide

Für Seidentücher mit Rollsaum verwendet man am besten dünne Markierungsnadeln, die vorsichtig im Saum und Rahmenleiste befestigt werden. Ansonsten könnte die Seide leicht ausreißen. Für ungerollte Meterware benutzen Sie ***Dreizackstifte****. Nach dem Malen haben die Dreizackstifte eine Spur in der Seide hinterlassen, die knapp abgeschnitten und anschließend rolliert werden muß.*

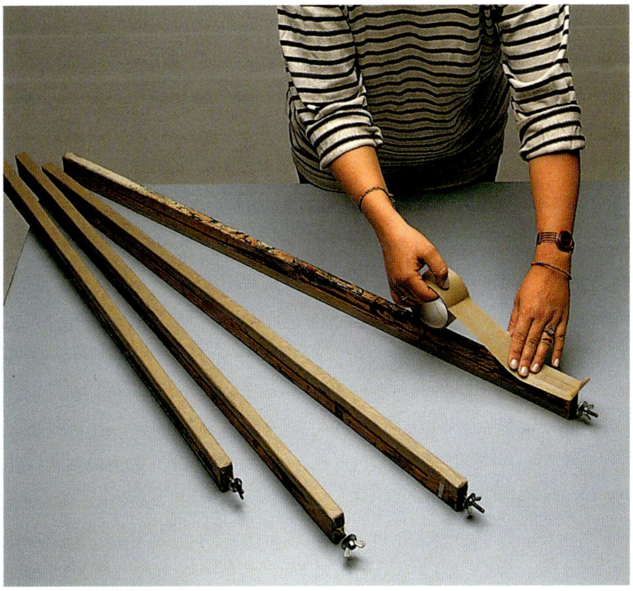

Vor dem Zusammensetzen des Rahmens müssen die Rahmenleisten unbedingt mit Paketband abgeklebt werden. Nach jedem Malvorgang wird die Leiste mit Küchenkrepp wieder gesäubert.

Vor dem Abschneiden des Seidenstoffes richten Sie Ihren Rahmen auf die entsprechende Größe ein. Für die hier verwendete Meterware benutzen Sie zum Befestigen Dreizackstifte.

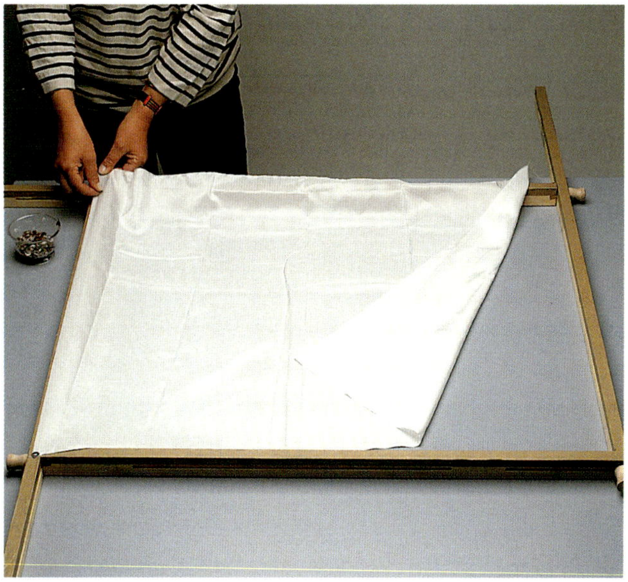

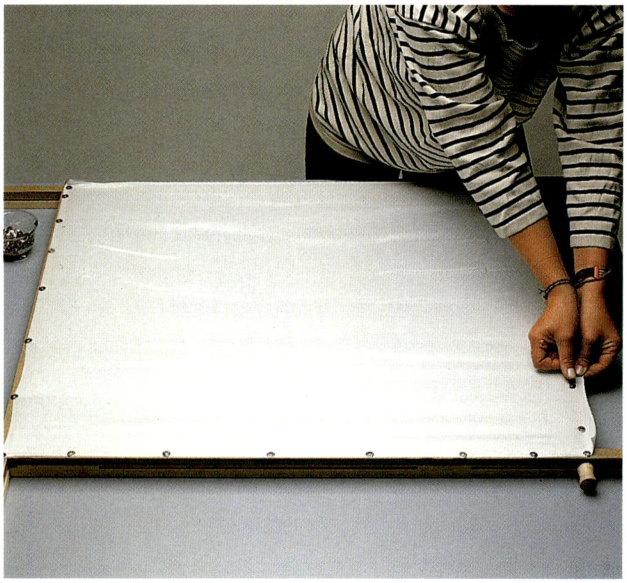

Beginnen Sie die Seide an zwei Ecken zuerst zu befestigen. Danach wird eine Seite mit Dreizackstiften im Abstand von 8 bis 10 cm angeheftet.

Hiernach alle restlichen Ecken feststecken. Eine Seite nach der anderen feststecken, dabei darauf achten, daß die Stifte nie genau gegenüber liegen.

Um Gassenbildung zu vermeiden, die Dreizackstifte immer versetzt feststecken.

Am Ende muß die Seide gespannt wie ein Trommelfell erscheinen.

Bringen Sie nun Ihren Rahmen auf die Größe des Seidentuchs. Beginnen Sie damit, die vier Ecken und nacheinander alle Seiten auf dem Rahmen zu befestigen. Achten Sie darauf, daß die Dreizackstifte immer auf Lücke zur gegenüberliegenden Seite gesetzt werden. Liegen nämlich die Stifte immer exakt gegenüber, haben sich in den nicht gespannten Zwischenräumen Gassen gebildet, an denen Pinsel und Farbe leicht hängenbleiben könnten. Wirkt die Seidenoberfläche gespannt wie ein Trommelfell, können Sie mit der Malerei beginnen.

Spannkrallen *verwenden Sie für gerollte Tücher oder für bereits fertig genähte Kleidung aus Seide. Die einzelnen Spannkrallen hängen Sie in den Saum des Tuches. Klemmen Sie die Zacken so ein, daß sie sich nicht mehr von selbst lösen können und befestigen Sie das Ende mit Haltegummis oder direkt am Rahmen.*

Fertig rollierte Tücher befestigen Sie mit feinen Markierungsnadeln im Saum, um die Seide nicht zu beschädigen.

Genähte Seidenteile und gerollte Tücher können auch mit Spannkrallen am Rahmen befestigt werden.

Übertragen der Vorlagenzeichnung

Vorlage glatt auf einer Arbeitsfläche vollflächig mit Kreppband festkleben (1).
Seide glattbügeln und auf die Vorlage positionieren (2). Mit einer Seite beginnen, d.h. an der Rollkante mit Kreppband festkleben. Mit angrenzender Seite ebenso verfahren. Dritte und vierte Seite des Tuches, auf die Vorlage gespannt, befestigen (3).
Mit weichem Bleistift die Vorlagenzeichnung auf die Seide übertragen (4).

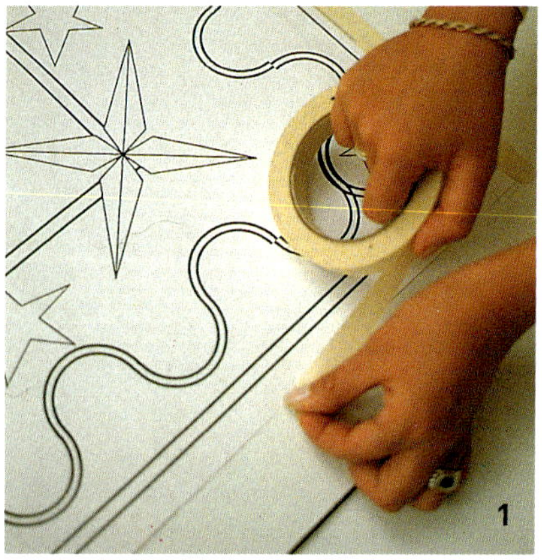

1

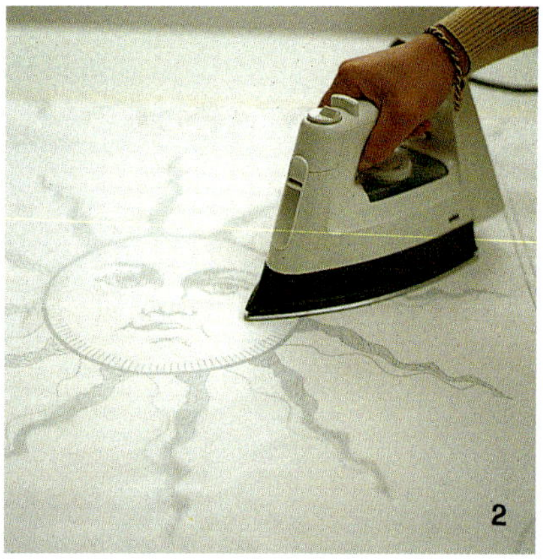

2

3

4

Unterschiedliche Maltechniken mit unterschiedlicher Wirkung. Für jeden Anlaß und Typ läßt sich das Richtige finden. Die geringelte Fliege entstand in der Aquarelltechnik, die Bourbonen-Lilie dagegen, akkurat aufgezeichnet, in der Konturen-Technik. Das Fischgerippe wiederum wurde mit Hilfe einer Schablone und verdickter Farbe aufgemalt. ▶

Die wichtigsten Seidenmaltechniken

Aquarelltechnik

Seide, Rahmen, ein paar Farben und Pinsel reichen aus, um mit wenig Aufwand und ohne Vorkenntnisse zauberhafte Seidenkreationen zu schaffen.

Farben ineinander fließen lassen

Beginnen Sie mit der Wahl Ihrer Farben. Zuerst bestimmen Sie vier oder fünf Farben, die sich gut kombinieren lassen. Experimentieren und mischen Sie solange mit Ihren Farben, bis der gewünschte Kalt-Warmkontrast dabei herauskommt. Die erste Seidenmalarbeit ist immer ein Experiment – meistens eine positive Überraschung.

Vermalen Sie die Farben in großen und kleineren Flächen nebeneinander. Vielleicht lassen Sie sich dabei vom eigenen, inneren Rhythmus oder von Musik inspirieren.

◀ Ein farbenfrohes, ausdruckstarkes Muster ist hier in der Aquarelltechnik entstanden. Weil immer die gleichen Farben verwendet wurden, wirken selbst wilde Muster harmonisch.

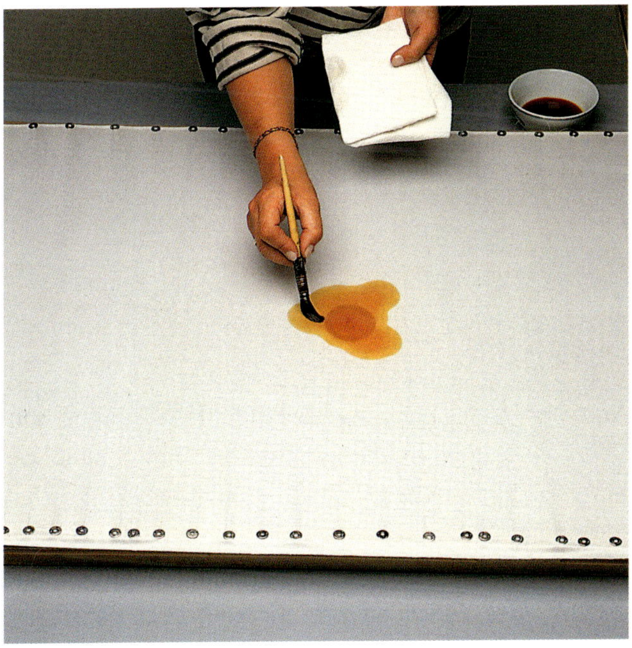

Nach dem Aufspannen der Seide und der Farbauswahl beginnen Sie die Farbe aufzumalen.

Ohne jede Randbegrenzung gehen die Farben naß in naß ineinander über.

An Stellen, die schon trocknen, bildet sich bei neuerlichem Farbauftrag eine feine Linie. Dort, wo zwei Farben aufeinander treffen, vermischen sie sich zu einer neuen Farbe.

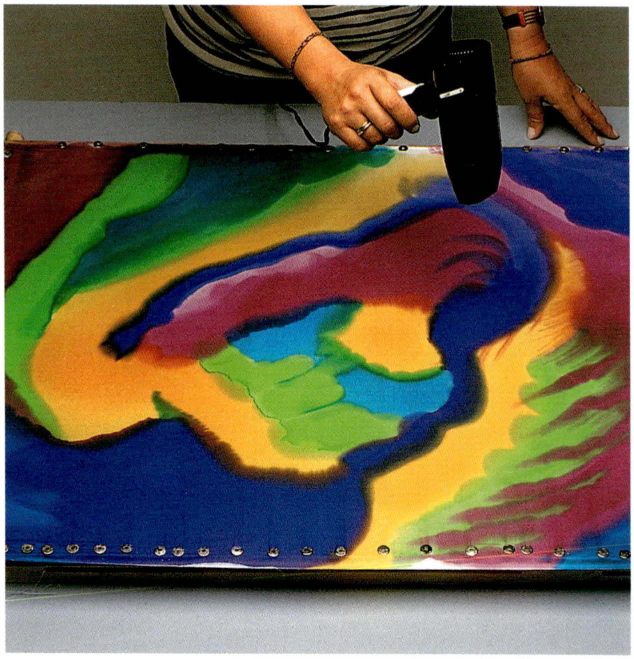

Um ganz sicher zu gehen, fönen Sie Ihre Arbeit nach dem Malen trocken.

Beobachten Sie das Fließverhalten der Farben, wenn Sie z.B. zwei Farben naß in naß vermalen. Die Farben fließen ineinander, vermischen sich und ergeben einen neuen Farbton. An anderer Stelle ist die Farbe bereits eingetrocknet und es formen sich bizarre Zacken entlang der Linie, sobald die neue Farbe die Farbanteile der Kontur wieder aufweicht.

Nach dem Malvorgang trocknen die Farben entweder von selbst oder Sie helfen mit dem Fön nach. Zum Schluß lassen sich gelungene Strukturen und Farbübergänge noch mit einigen Pinselstrichen besonders betonen: Verwenden Sie hierfür einen feinen Haarpinsel und üben Sie mit leichter Hand, Linien mit ganz wenig Farbe zu ziehen. Erproben Sie die Linien zuvor auf einem Probestück oder Küchenkrepp aus. Dunkle Farbtöne sind für ein solches Finish besser geeignet als hellere, da sie sich eher von der Farbfläche unterscheiden. Ganze Muster können so auf die bereits fertige Farbfläche gezeichnet werden.

Mit gezielten Pinselstrichen lassen sich eher zufällig entstandene Muster zu einer Gesamtkomposition verbinden.

Ein Farbspiel in freier, phantasievoller Malerei ist auf der Seide entstanden. Die Farben haben sich gegenseitig gebremst und an ihren Grenzen hat sich ein neuer Mischton gebildet.

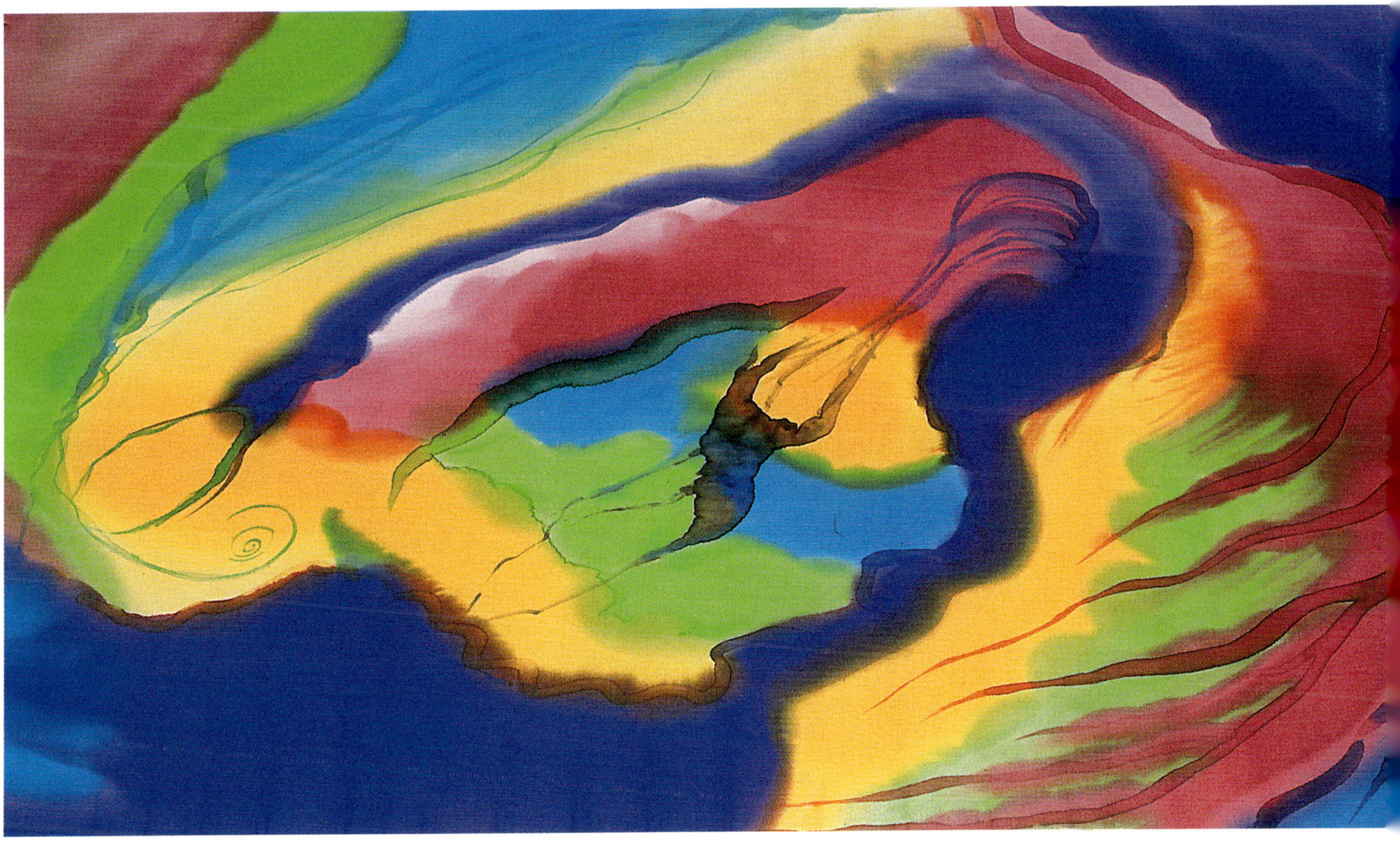

Anlegen einer großen Farbfläche

Große Tücher und Schals sollten gleichmäßig gemalte Farbflächen zeigen. Dafür brauchen Sie zunächst einen Rahmen, der auf die entsprechende Größe verstellbar ist.

Für größere Seidenformate benutzt man als Pinsel einen Flächenstreicher, mit dem man zügig selbst größte Flächen einstreichen kann. Zuerst mischen Sie eine ausreichende Menge Farbe an. Bedenken Sie, daß Sie später, während des Malvorgangs nur schwer unterbrechen können. Außerdem läßt sich der exakte Farbton kaum mehr ermischen. Zum Malen benutzen Sie ein Schälchen, in das Sie den Flächenstreicher eintauchen können. Sollte nach dem Malen noch Farbe übrig bleiben, geben Sie den Rest in ein verschließbares Glasgefäß.

Soll der Untergrundfarbton kräftig sein, malen Sie auf trockener Seide. Fügen Sie Ihrer Farbmischung einige Tropfen Wasser hinzu, läßt sie sich leichter vermalen. Beginnen Sie am unteren Rand die Farbe in gleichmäßigen Zügen aufzutragen. Jeder Farbstrich schließt an den vorherigen ansatzlos an. Gegebenenfalls nochmals über die Übergänge streichen und die Farbe verteilen. Dies alles muß recht zügig passieren, da jede Verzögerung Streifen hinterläßt.

Verteilen Sie die Farbe für solch eine große Fläche am besten mit einem Flächenstreicher oder einem breiteren Pinsel. An einer Ecke kann man die Farbe gleichmäßig und zügig im Vollton aufstreichen.

Damit die Farbe an ihrem Rand nicht vorzeitig eintrocknet, sondern weich in einen Pastellton übergehen kann, empfiehlt es sich, die letzte Farbspur nochmals mit Wasser nachzuziehen.

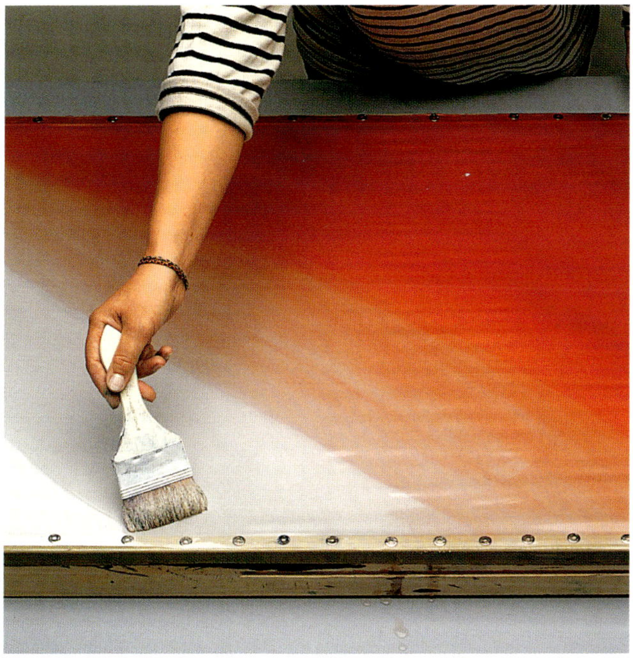

Wollen Sie einen Verlauf von satt bis zu zart pastellig erzielen, ist es ratsam, die Fläche zuvor mit Wasser einzustreichen. An den letzten Vollfarbauftrag schließen Sie mit reinem Wasser an. Anschließend tauchen Sie den Pinsel nur leicht in Farbe, der nun vorsichtig über die gewässerte Fläche geführt wird. Etwaige Streifen oder sonstige Unregelmäßigkeiten müssen mit Wasser und Farbe immer wieder übermalt werden.

Ist der Farbauftrag einmal zu stark geraten, läßt er sich nachträglich korrigieren. Hierzu streichen Sie die Stelle erneut mit Wasser ein, kurz einziehen lassen, und den Farbüberschuß vorsichtig mit Küchenkrepp aufnehmen.

Bevor Sie nun weitermalen, sollten Sie die restliche Fläche zuerst vollständig mit Wasser einstreichen.

Einen pastelligen Übergang erreichen Sie durch mehrmaliges Einstreichen von Wasser über die gemalte Fläche. Dabei lösen sich einige Farbanteile, die Sie so auf die restliche, noch unbemalte Fläche hinüberziehen.

Beginnen Sie zuerst die gesamte Seidenfläche mit Wasser einzustreichen. Danach wird der erste Farbton unverdünnt an einer Ecke aufgetragen.

Nach jedem Farbton ermöglicht eine zusätzliche Wasserspur einen weichen Farbübergang.

Mehrfarbige Farbfläche mit Verlauf

Ähnlich wie die einfarbige große Fläche gestalten Sie auch ein Seidentuch mit mehreren Farben, die möglichst weich ineinander übergehen. Die Vorgehensweise ist die gleiche wie zuvor: Seide auf Rahmen aufspannen, Farben in ausreichender Menge anmischen und mit einer Farbe an einer Seite oder Ecke beginnen. Es empfiehlt sich, die ganze Fläche zuvor mit Wasser zu grundieren. Den nächsten Farbton nicht unmittelbar an die vorherige Farbe setzen, sondern mit ein oder zwei Pinselstrichen Abstand. Dazwischen die Farbe zart mit der vorherigen vermalen und gegebenenfalls mit Wasser die Farbpigmente aufweichen und mit Krepp entfernen. Am besten für jede Farbe einen eigenen Pinsel verwenden, so sparen Sie das Auswaschen der Pinsel während des Malvorgangs und beugen einer möglichen Farbverunreinigung vor.
Auf diese Weise schaffen Sie einen lebendigen Farbregenbogen, einen idealen Farbuntergrund für eine weiterführende Betonung mit Pinselmalerei oder Guttazeichnung. Ganz besonders apart wirkt ein Chiffon-Seidentuch, das Sie in den Farben Ihrer Wahl gestalten.

Jede neue Farbe zuerst auf den Wasserstreifen aufmalen und anschließend die beiden Farben mit Wasser übermalen und somit verbinden.

Mit dem letzten Farbton ist eine ganze Farbskala entstanden. Nach dem anschließenden Fönen und Farbfixieren ist das Regenbogentuch fertig.

Aureolen durch Fönen

Spannen Sie zunächst ein Seidentuch beliebiger Größe auf Ihren Rahmen auf und stellen Sie drei bis fünf Farben zusammen. Für jede Farbe sollten Sie einen Pinsel bereitstellen, der auch später nur für den entsprechenden Farbton angewendet wird. So beugen Sie wirkungsvoll Farbverunreinigungen vor.

Tragen Sie nun die Farben zügig und in großen Formen auf Ihre Seidenfläche auf. Achten Sie auf mögliche trockene Stellen, um sie sofort wieder anzufeuchten. Sobald die gesamte Seidenfläche bemalt ist, beginnen Sie mit dem Fön einige Stellen gezielt zu trocknen. Hierzu den Fön so knapp vor die Malfläche halten, daß ein kleiner Kreis entsteht, ohne die Fläche zu verbrennen. Fön sofort wieder wegziehen. An anderer Stelle ebenso verfahren. Nun wieder zur ersten Fönstelle zurückkehren und ringförmig um die Stelle ziehen. Die anderen bereits trockenen Kreise genauso behandeln. Beobachten Sie, wie sich ein feiner dunkler Ring um die trockene Stelle gebildet hat.
Sie haben mit dem Fön die Farbanteile in Bewegung gebracht.

Nachdem das Chiffontuch farbig gemalt ist, beginnen Sie mit dem Fön scheinbar willkürlich Kreise in die nasse Farbe einzufönen.

Danach Fön sofort wieder von der Stelle weghalten. Jetzt zieht die umliegende, feuchte Farbe zurück in die trockene Stelle. Es bildet sich eine kreisförmige feine, dunkle Linie.

Fönen Sie beliebige Muster nach und nach in die noch feuchten Stellen ein. Nur im feuchten Zustand der Farbe können Sie diesen Effekt erzielen. Daher möglichst den Fön nur knapp an die Stelle halten und die Umgebung aussparen. Vorsicht, diese Technik wirkt am schönsten auf Chiffon, Pongé 5 oder 6 und leichten Crepe-Arten. Schweres, dichtes Gewebe wie Crepe Satin läßt einen solchen Effekt nicht zu.

Durch bewußtes Fönen um die einzelnen Kreise herum haben sich konzentrische Ringe gebildet.

Chiffon ist ein transparentes Seidengewebe, so daß Farbe und Muster erst beim Zusammenfalten der Seide sichtbar werden.

Salztechnik

Mit dieser Technik können Sie im Handumdrehen ein zauberhaftes Seidentuch gestalten. Sie brauchen dafür nur ein Seidentuch, ein paar Seidenmalfarben und eine Handvoll Effektsalz.

◀ **Ein lebendiges Farb- und Formenspiel zeichnet dieses Seidentuch aus. Es ist mit Gutta in der Schichttechnik entstanden.**

Gleichmäßiges Aufstreuen von Salz

Spannen Sie zunächst Ihr Stück Seide auf einen Rahmen auf und beginnen Sie zügig mit der Malerei. Probieren vielleicht einmal eine Kreisform aus verschiedenen kräftigen Farben, bis schließlich das Tuch vollständig bemalt ist. Streuen Sie nun gleichmäßig und leicht das Salz über die Malerei. Nach einiger Zeit beginnt das einzelne Salzkorn die Feuchtigkeit der Farbe aufzunehmen. Dabei werden die Farbpigmente vom Salz nicht mit aufgenommen. Sichtbar wird eine feine dunkle Farbspur, Sternschnuppen ähnlich, die um die Salzkörner herum entstehen. Der Effekt wird je nach Farbmenge, Farbmischung und Feuchtigkeit mehr oder weniger deutlich. Erst nach vollständigem Trocknen ist der Salzeffekt abgeschlossen. Danach Salz vorsichtig mit einem Handbesen entfernen und die Farben fixieren.

Wählen Sie für die Salztechnik überwiegend dunkle Farben oder gemischte Farben aus.

Kaum zu glauben, aber diese dunkle Fläche wird sich nach der Behandlung mit Salz stark aufhellen.

Einfach aus der Hand wird das Effektsalz gleichmäßig über die Fläche gestreut.

Gut sichtbar ist der Vorgang, wie das Salz den Wasseranteil aus der noch feuchten Farbe zieht. Er hinterläßt seine dekorativen Spuren.

Nach dem Malen und vor dem Fixieren entfernen Sie das Salz vorsichtig mit einem kleinen Besen.

Wie eine Unterwasserlandschaft mit vielen Details und Strukturen, so wirkt dieses Salzbild auf den ersten Blick.

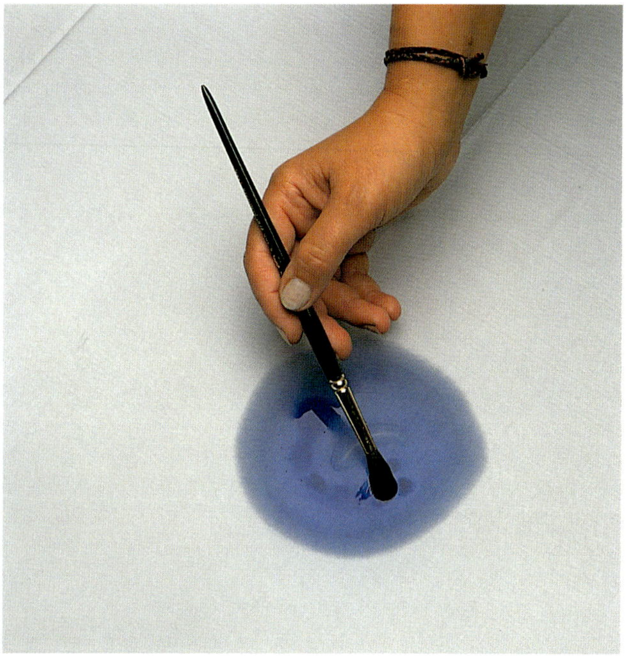

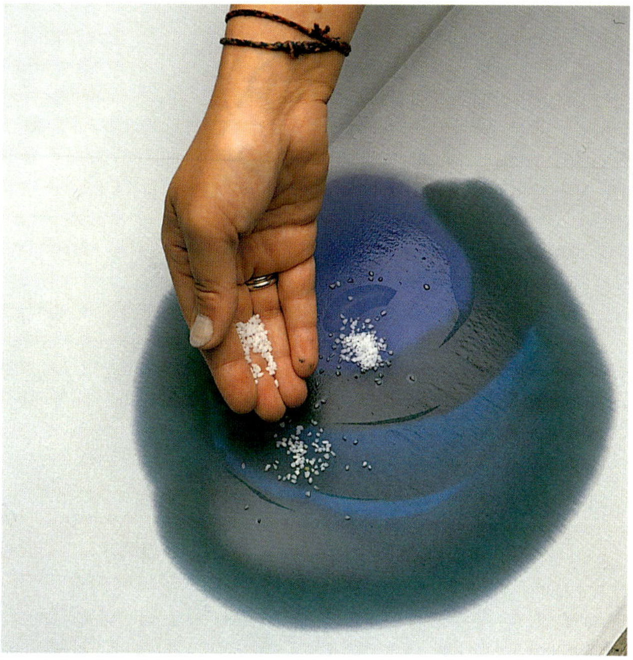

Ein wenig Farbe aufgetragen und Salz in die Mitte gestreut – schon entstehen die tollsten Effekte.

Salztechnik mit Effekt

Ganz zauberhafte Blüteneffekte erzielen Sie mit einem Auftrag von Salz. Hierzu wird Seide auf den Rahmen aufgespannt und der Untergrund nur leicht pastellig angelegt. Anschließend vermalen Sie einen dunkleren Farbton, am besten zwei Farben zusammengemischt, in Kreisform auf den Untergrund. Sehr apart wirken auch zwei dunkle Farben nebeneinander. Geben Sie nun einige Salzkörner auf die Mitte des Farbkreises. Mit einer Pipette voller Wasser wird diese Stelle zusätzlich angefeuchtet. Mit Hilfe des Wassers vermischt das Salz die Farben auf dekorative Art und Weise und läßt bizarre Blütenformen wachsen.

Experimentieren Sie mit Salz und Seidenmalfarben. Je mehr gemischte Farben und Wasser Sie verwenden, desto stärker kann das Salz Wasser und Farben bewegen. Zu feucht ist die »Salzmalerei« allerdings dann geraten, wenn die Salzkörner sich vor Ihren Augen aufzulösen beginnen.

Helfen Sie ruhig den bizarren Effekten mit ein wenig Farbe nach, die Sie mit einer Pipette auf das Salz tropfen lassen.

Die umliegenden Salzspuren ziehen deutlich sichtbar zum Mittelpunkt.

Ein bizarres Gebilde, vielleicht ein Detail aus einem großen Seidentuch ist hier entstanden.

Noch lebendiger wirken die Salzeffekte, wenn sie außer mit Wasser auch noch mit einer Kontrastfarbe, z.B. Gelb auf einer dunklen Stelle, beträufelt werden. Die gelben Farbanteile verdrängen die dunkleren und werden durch das Salz zu einer Farbspur zusammengezogen.

Bei dieser »Blüte« geht es darum, durch Auftropfen von Wasser und Farbe den Salzeffekt noch zu verstärken.

Das Salz hat Spuren in die schwarze Farbe gezogen, das weicht die dunkle Mitte etwas auf.

Auswaschtechnik

Diese Technik gelingt im feuchten Zustand sowohl mit Bügel- als auch mit Dampffixierfarben. Einmal angetrocknet lassen sich nur die Dampffixierfarben nachträglich mit Wasser und Alkohol entfernen.

Auswaschen der Farbanteile mit Wasser

Auf die aufgespannte Seide vermalen Sie Farben nach Wahl. Kurz bevor die Seidenfläche vollständig trocknet, beginnen Sie mit einem feinen Pinsel und Wasser Linien und Muster aufzumalen. Das aufgemalte Wasser wäscht die Farbanteile aus der Farbfläche und es wird eine helle Spur sichtbar. Je nachdem wieviel Wasser auf die Fläche kommt, kann die Auswaschspur an den Rändern mal

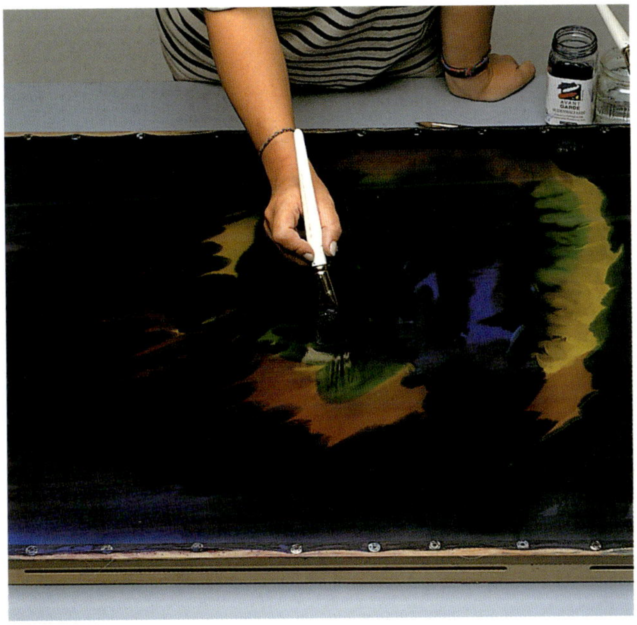

Um gute Effekte zu erzielen, bedarf es eines dunklen Untergrundes. Malen Sie die Farben in freier Aquarelltechnik naß in naß auf die Seide.

Auf dunklen Untergrund werden Wasserspuren mit dem Pinsel in die bereits trockene Farbfläche gemalt. Damit die Wasserkontur nicht zu starke Zacken zieht, stoppen Sie den Effekt durch Fönen.

gerade oder stark ausgefranst erscheinen. Verwenden Sie Bügelfarben, ist der Vorgang des »Auswaschens« dann abgeschlossen, sobald die Farbe vollständig eingetrocknet ist. Bevor Sie eine Farbkompostition in dieser Technik mit einem Muster verzieren, sollten Sie die Handhabung des Pinsels und die richtige Wassermenge zuerst an einem Probestück ausprobieren.

Im oberen Bereich wird sichtbar, wie die Formen durch sehr viel Wasser an den Rändern ausfransen. Im unteren Bereich wurde nur mit wenig Wasser gemalt. Die Auswaschspur wirkt ruhiger.

Beruhigend und unwirklich ▶ wie eine Unterwasserlandschaft wirkt dieses Seidenbild. Nach dem Aquarellieren des Untergrundes wurden die einzelnen, helleren Flächen mit Wasser ausgewaschen. Die hellen Flächen verbinden durch ihre Formen die Farben des Untergrundes.

Auswaschen der Farbanteile mit Alkohol

Anstelle von Wasser können die Farbanteile auch mit 70% Alkohol ausgewaschen werden. Es entstehen feine, exakte Ränder. Im Gegensatz zum Wasser verdunstet die Alkoholspur fast augenblicklich an der Seidenoberfläche. Die Farbanteile werden hier nicht so stark in Bewegung gebracht und der Rand behält seine exakte Form. Probieren Sie auf einer dunkel gemalten Seidenfläche, die Sie zuvor mit Dampffixierfarben gemalt und trocken geföntt haben, Alkoholstreifen mit einem 1cm breiten Pinsel aufzumalen. Achten Sie darauf, daß zwischen den einzelnen Pinselstrichen noch ein feiner Grad von Restfarbe stehenbleibt. Nach jedem Pinselstrich die Fläche immer

Anstelle von Wasser kann die Farbe auch mit Alkohol ausgewaschen werden. Diese trocknet wesentlich schneller an der Oberfläche als Wasser.

Die aufgemalten Alkoholspuren wirken feiner. Die Ränder fransen nicht aus.

trockenfönen. Nachdem Sie so eine 10 x 10 cm große Fläche gestaltet haben, beginnen Sie nun über die gemalte Fläche von einer anderen Seite zu malen. Auch hier wieder nach jedem Auftrag trockenfönen. Später die gleiche Prozedur über die Diagonale wiederholen. Auf diese Weise gestalten Sie eine lebendige, geometrisch gestaltete Fläche, die sich in verschiedenen Variationen immer wieder verändern läßt.

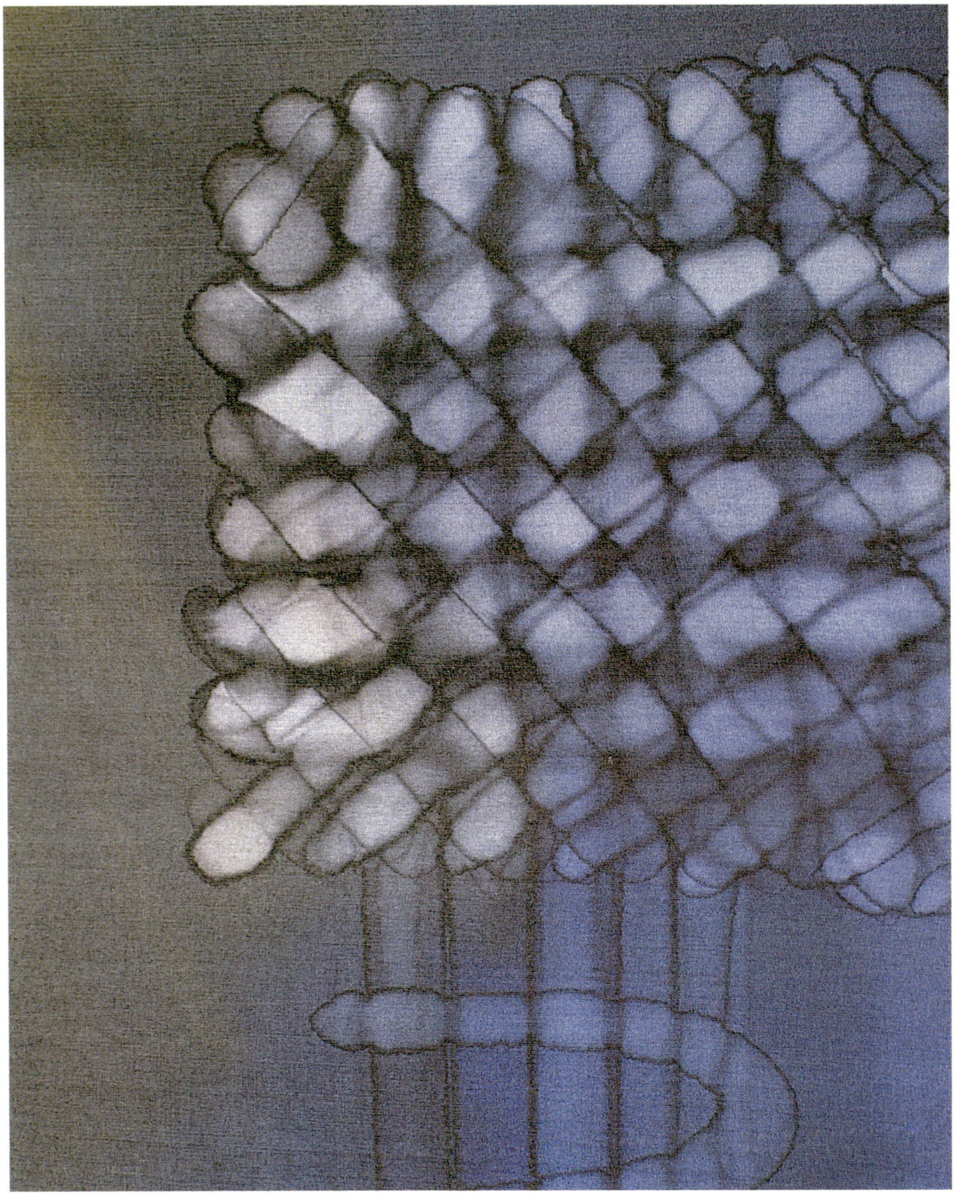

Ein gleichmäßiges Gitterwerk ist mit Hilfe von 70% Alkohol entstanden. Vertikale, horizontale und diagonale Streifen sind zu einem attraktiven Motiv verwoben.

Farb- und Plissee-Effekte durch Drehen und Abbinden

Um diese effektvolle Technik ausführen zu können, verwenden Sie ausschließlich Dampffixierfarben.
Zum Anfang lassen Sie wie bei der Aquarelltechnik die unverdünnten Farben auf Ihrem Seidentuch ohne Begrenzung ineinanderfließen. Hierzu immer darauf achten, daß die einzelnen Farben nicht zu kleinflächig aufgetragen werden, d.h. größere Farbflächen sollten überwiegen.

Bedenken Sie bei Ihrer Farbwahl, daß sich benachbarte Farben später miteinander mischen, also aus einem klaren Orange neben Dunkelblau wird Braun. Nach dem vollständigen Trocknen der Fläche Seide abspannen und mit Hilfe einer weiteren Person an den unteren Kanten von Hand einkräuseln und zu einer festen Kordel drehen. Ist die Kordel an allen Enden fest verschnürt, können Sie sie in den Siebeinsatz eines Dampfkochtopfes legen. Den Dampfkochtopf ca. 10 cm mit Wasser füllen und Siebeinsatz hineinlegen. Die Seidenschnur hat nun Wasserkon-

Zu Anfang malen Sie in Aquarelltechnik große und kleine Flächen nebeneinander. Die hier aufgespannte Seide ist Crepe de Chine im Format 1,10 x 1,10 m.

◀ Erinnert Sie dieses wilde Tuch nicht ein wenig an die Flower-Power-Bewegung? Die Wirkung ist beabsichtigt. Viele, bunte Farben nebeneinander ergeben einen dynamischen Gesamteindruck. Ausgehend von den blaugrünen Kreisen sind die Farben aufgetragen worden, nachdem die Seide mit Schnüren abgebunden und zur Kordel gerollt worden war. Dadurch konnte das Muster im Muster entstehen.

Drehen Sie den Seidenstoff zu einer festen Schnur. Am besten geht´s zu zweit.

Die Enden der Seidenschnur durch Paketkordel sichern und anschließend zusammenknoten.

Den Dampfkochtopf ca. 10 cm mit Wasser füllen und die Seidenschnur auf den Siebeinsatz legen. Wasser zum Kochen bringen und bei starker Hitze 30 Minuten lang köcheln.

takt. Wasser zum Kochen bringen und ca. 30 Minuten bei starker Hitze köcheln lassen. Das Wasser nimmt sofort die nächstliegenden Farbanteile auf und verfärbt sich grau bis schwarz. Daran können Sie erkennen, ob das Textil wirklich Kontakt zum Wasser hat.

Wünschen Sie einen Plissee-Effekt, sollten Sie die Seidenschnur vollständig austrocknen lassen. Nach dem Öffnen erhalten Sie reizvolle Plisseeknicke, die bis zur nächsten Wäsche in Form bleiben. Nach dem Waschen einfach wieder zur Kordel drehen und trocknen lassen. Der Plissee-Effekt eignet sich hervorragend zur Gestaltung von Röcken und Kleidern.

Sehr apart wirkt das reine Farb- und Musterspiel der Plisseeschnur. Nach dem Kochvorgang lassen Sie die Schnur nur auskühlen und bügeln Sie die Plisseeknitter einfach glatt. Der Effekt ist verblüffend.

Seidenschnur im Siebeinsatz aus dem Topf heben und auskühlen lassen. Wünschen Sie einen Plissee-Effekt, belassen Sie die Seide so wie sie ist nach dem Auswickeln. Sind Sie mehr an den Farb- und Formeffekten interessiert, müssen Sie die Knitter in noch feuchtem Zustand glattbügeln. Das Ergebnis ist in beiden Fällen umwerfend.

Das Motiv auf dem Lampenschirm zeigt deutlich, wie der bemalte Seidenstoff in der Mitte zusammengelegt und danach zur Kordel gedreht wurde. Der dunkle Farbeffekt ist durch den Kochvorgang auf beide Seiten übertragen worden. ▶

Auch bei diesem durchsichtigen Chiffonschal sind die Muster durch Abbinden einzelner Partien im Stoff entstanden, die anschließend bemalt und zur Kordel verschnürt wurden. Die dabei entstehenden Plisseeknitter wurden nach dem Kochen herausgebügelt.

Verdickertechnik – Aquarellgrund

Soll die Farbe einmal nicht fließen, sondern wünschen Sie eine konkrete Malerei, dann verdicken Sie doch Ihre Malfarbe oder tragen Sie einen Aquarellgrund auf die Seide auf. Das Ergebnis wird Sie sicher zu neuen Experimenten herausfordern.

Malen auf grundierter Seide

◀ Jupiter, Saturn, Mars sowie alle Sternzeichen sind auf diesem »Sphärenbild« vereinigt. Der aufgetragene Aquarellgrund ermöglicht das Aufzeichnen der Gestirne. Einige Zeichen bekamen einen extra Touch mit weißer Stoffmalfarbe.

Aquarellgrund kann man sowohl auf weißen als auch auf bereits grundierten Untergrund auftragen. Für Landschaftsmalerei beispielsweise ist es ratsam, die Seide zuvor entsprechend einzufärben. Untergrund trockenfönen und mit breitem Pinsel (Flächenstreicher) Aquarellgrund aufstreichen. Erneut Fläche trockenfönen. Danach lassen sich alle weiteren Pinselstriche beliebig aufmalen, ohne daß die Farbe zerfließen kann.

Nach dem Aufspannen der Seide malen Sie die Farben entweder auf einen nassen oder auf einen trockenen Untergrund auf, je nachdem ob Sie einen pastelligen oder lieber einen stärker farbigen Untergrund wünschen.

Solch eine lebhafte Farbfläche ist der ideale Untergrund, um ihn weiter zu gestalten.

Um den Aquarellgrund auftragen zu können, sollten Sie den Malgrund trockenfönen.

In gleichmäßigen Strichen wird der Aquarellgrund mit einem Flächenstreicher aufgetragen. Anschließend die Seide erneut trockenfönen.

Der Aquarellgrund verhindert das Auslaufen der Farbstriche. Jeder einzeln gezogene Farbstrich, fein oder breit, wird hier sichtbar. Experimentieren Sie mit unterschiedlichen Pinselbreiten.

Zum Schluß gibt´s eine extra Betonung mit weißer Stoffmalfarbe.

Geheimnisvoll und farbintensiv wirkt dieses Seidentuch auf 90 x 90 cm Seidentwill. Die mit viel Wasser gemalte Stelle im Mittelpunkt hält die stark farbigen Flächen in harmonischer Spannung. Durch den Aquarellgrund konnten die aufgezeichneten Linien nicht zerlaufen. ▶

Wie ein Lichtpunkt in dunkler Nacht erscheint dieses Seidenbild auf 90 x 90 cm Crepe de Chine. Im Zentrum des Bildes sorgt viel Wasser für die lichte Wirkung. Die zum Mittelpunkt hinstrebenden Salzspuren sowie die später aufgezeichneten zarten Linien verstärken diesen Effekt.

Malen mit verdickter Farbe

Mit verdickter Farbe läßt sich sehr gut von einem glatten Untergrund abdrucken. Aber auch zum Ausmalen von Schablonen benötigt man verdickte Farbe.

Alle Malfarben mit Verdicker in kleinen Schälchen andicken und ihre Malkonsistenz überprüfen. Hierzu die verdickte Farbe auf glatten Untergrund aufmalen. Zieht sich die Farbe auffallend zusammen, müssen Sie den Verdickeranteil erhöhen. Bleibt die Farbe fast mit dem Pinsel an der Tischplatte kleben, sollten Sie den Farbanteil erhöhen. Selbstverständlich können Sie eine verdickte Farbe auch pastellig anrühren. Geben Sie zur Farbe noch Wasser hinzu.

Bespannen Sie einen Rahmen mit Seide, z.B. Pongé 6 oder 8, und markieren Sie sich die Umrisse des Rahmens mit Bleistift auf einer glatten, abwaschbaren Tischfläche. Nun beginnen Sie die verdickte Farbe in großen und kleineren Flächen innerhalb der markierten Linien aufzutragen. Bedenken Sie, daß Sie ruhig Zwischenräume stehenlassen können. Diese werden erst zum Schluß ausgemalt. Mit Werkzeugen wie groben Kämmen, Spachteln oder Zeigefingern bearbeiten Sie nun die Farbflächen. Lassen Sie sich Zeit, mit allen möglichen Formen zu experimentieren, da die verdickte Farbe nicht so schnell eintrocknet. Anschließend den Rahmen mit Seidenfläche nach unten auf die verdickte Farbe auflegen. In kürzester Zeit zieht die Farbe in die Seide. An einigen Stellen muß man vielleicht durch leichtes Antupfen nachhelfen. Rahmen vor-

Nachdem das Rahmenformat auf dem Tisch markiert ist, können Sie ein wildes Motiv mit verdickten Farben hineinmalen.

Direkt aufgetropft aus der Malschale zieht die Farbe sogar dünne Fäden.

Alle Tricks sind erlaubt, wenn es darum geht, ein interessantes Motiv auf dem Tisch zu gestalten. Mit einem groben Kamm, Spachtel und sogar mit den Fingern wird die verdickte Farbe bearbeitet.

Sollte Ihnen Ihre Kreation einmal völlig entgleisen, wird sie mit Küchenkrepp weggewischt und die Farben werden neu aufgetragen.

sichtig wenden und verdickte Farbe eintrocknen lassen. In der Zwischenzeit entfernen Sie die Farbreste von der Tischplatte. Nach vollständigem Trocknen malen Sie den Hintergrund mit Dampffixier- oder Bügelfarbe aus. Verdickte Farbe in einem Konstrastfarbton, die in eine Guttaflasche eingefüllt wird, verwenden Sie zum Nachzeichnen der Formen der eher zufällig entstandenen Motive. Nach dem Fixieren der Farben entfernen Sie das Verdickermittel, indem Sie das Seidenstück in Wasser legen.

Aufgespannte Rahmenfläche mit der Seidenoberfläche nach unten drehen und vorsichtig innerhalb der Markierungslinien auf das Malmotiv auflegen.

Mit beiden Händen Seide leicht an den Untergrund drücken. Sofort erscheint das gestaltete Motiv auf der Rückseite. Rahmen vorsichtig vom Untergrund lösen, umdrehen und Farben mit einem Fön trocknen.

Malen Sie die übriggebliebenen Zwischenräume sowie den Hintergrund mit normaler Seidenmalfarbe aus. Danach wieder trockenfönen.

Mit verdickter Farbe, aufgetragen mit der Malflasche und Feder, können Einzelheiten des Motivs zeichnerisch betont werden.

Diese bewegte Farbkomposition beweist, daß es sich lohnen kann, mit allen möglichen Mitteln zu experimentieren und dabei neue Wege zu beschreiten.

Das Arbeiten mit verdickten Farben fordert gerade heraus, mit neuen Auftragsformen zu experimentieren. Egal welchen Weg Sie beschreiten werden, Spaß und Erfolg sind garantiert. ▶

Leicht und beschwingt, präsentiert sich dieser Vorhang aus Crepe de Chine. In diesem Fall wurden bewußt ganze Partien weiß belassen und nicht mit der blauen Hintergrundfarbe ausgemalt. Das Rankenmuster in Grün wurde zuletzt mit einer Malflasche ohne regulierende Feder aufgemalt.

Ein weiterer Vorhang, diesmal in dynamisch, grafischen Mustern, wurde mit verdickten Farben gestaltet. Lediglich das dunkle Streifenmuster wurde auf einen Untergrund aufgemalt und abgedruckt. Alle weitere Farbgebung entstand durch Ausmalen des Hintergrundes. ▶

Diese konkreten Hortensienblüten und Blätter wurden zunächst abwechselnd mit farblosem Verdicker und verdickter Farbe aufgemalt und abgedruckt. Ein silbernes Konturenmittel zeichnet die endgültige Form.

Mit einem Spachtel dynamisch aufgetragen wurde diese Farbgirlande aus verdickter Farbe. Die dunkle Hintergrundfarbe verstärkt den bizarren Formeffekt.

◀ Bunt und fröhlich ist die Wirkung dieses Seidenbildes auf Crepe de Chine. Die explodierenden Farbkreise wurden mit den Fingern bearbeitet und anschließend abgedruckt.

Eine strenge Planung und genaue Vorarbeit ist die Voraussetzung für diesen Seidenvorhang aus Crepe de Chine. Jedes Einzelmotiv wurde zuvor aus einer Schablone geschnitten und anschließend auf der Seide mit verdickter Farbe ausgemalt. So lassen sich beliebig viele Muster akkurat aneinander reihen.

Bonifaz 94

Konturentechnik

Ob wasserlösliches Konturenmittel oder benzinlösliche Gutta: beide Konturenmittel haben die gleiche Funktion. Sie reservieren den Seidenstoff so, daß keine Farbe ausfließen kann. Das wasserlösliche Konturenmittel hat gegenüber der Benzingutta den Vorteil, daß es sich nach dem Farbfixieren unter Wasser wieder leicht entfernen läßt. Es ist daher besonders geeignet für Anfänger, die mit Bügelfarben auf dünnen Seiden malen. Die Benzingutta entfernen Sie nach dem Farbfixieren entweder selbst mit Reinigungsbenzin oder in der Reinigung. Sie ist geeignet für alle dickeren Seiden wie Crepe de Chine, Crepe Satin, Twill, Jacquard, etc., meistens in Kombination mit den Dampffixierfarben. In dieser Technik der konkreten Seidenmalerei gelingen Ihnen mit ein wenig Übung selbst anspruchsvolle Entwürfe.

◀ Farb- und formenstark ist dieses Seidentuch auf 1,10 x 1,10 cm Crepe de Chine angelegt. Hintergrund und Streifenmuster sind von gleichem Farbton. So kommen die verspielten Muster gut zur Geltung.

Schwungvolle Linien und farbenfrohe Flächen sind die besonderen Merkmale dieses aparten Seidentuches. In der Schichttechnik wurden alle Guttalinien auf den gemalten Untergrund aufgezeichnet.

Transparente Gutta wird mit einer Malflasche und einer Feder Nr. 8 auf die weiße Seide aufgezeichnet.

Zeichnen Sie die Linien zügig auf, ohne jedoch zu vergessen, die Linien auf mögliche Unterbrechungen hin zu kontrollieren. Das geht am einfachsten, indem Sie den Rahmen gegen eine Lichtquelle halten. Verbinden Sie die einzelnen Motivlinien miteinander, so ist es für Sie hinterher leichter, den Hintergrund streifenfrei auszumalen.

Farblose Konturen oder Gutta auf weißem Grund

Spannen Sie zunächst die Seide auf dem Rahmen auf. Sollten Sie eine Vorzeichnung verwenden wollen, so muß diese vorher mit Bleistift oder Phantomstift (Sublimatstift) auf die Seide übertragen werden. Danach füllen Sie Gutta oder Konturenmittel in die Malflasche, an der eine Malfeder die Linienstärke kontrolliert. Beginnen Sie nun, alle Linien auf die weiße Seide zu übertragen. Linien immer gleichmäßig ohne Unterbrechung durchziehen, da jedes neue Ansetzen durch eine Verdickung der Linie sichtbar bleibt. Achten Sie auf Luftbläschen aus der Malflasche, die Linie könnte nicht ausreichend geschlossen sein. Nach dem Auftrag Gutta und Konturenmittel eintrocknen lassen (beim Konturenmittel dauert es länger). Dann können die einzelnen Flächen ausgemalt werden. Beim Ausmalen bedenken Sie, die Farbe bis an die Begrenzung fließen zu lassen. Auf diese Weise vermeiden Sie, über die Linien hinwegzumalen.
Am besten testen Sie Ihren Gutta- und Konturenauftrag an einem Probestück gleicher Seidenstärke. Sollte die Gutta einmal nicht ausreichend die Seide reservieren, d.h. die Farbe unterläuft die Linie, liegt es vielleicht an einer

Mit klaren, ungemischten Farben werden hier Blüten und Blätter ausgemalt.

Die Blüten im Vordergrund wirken noch farbiger, wenn Sie den Hintergrund dunkler ausmalen.

Nach dem Trockenfönen ist eine Blütenlandschaft entstanden, die Sie vielleicht zu einem Bild oder zu einem Kissen weiterverarbeiten können.

zu pastosen Konsistenz Ihrer Gutta. In der Regel gilt, bei dickeren Seidenqualitäten muß die Gutta mit etwas Waschbenzin verdünnt werden. Konturenmittel verdünnen Sie mit Wasser.

Eine nützliche Guttaübung kann darin bestehen, eine Farbtafel Ihrer Lieblings-Seidenmalfarben anzufertigen und in die einzelnen Farbfelder den Namen mit Gutta hineinzuschreiben.

Beide Bilder sind sowohl mit farbiger Gutta als auch in freier Aquarellmalerei entstanden. Vor dem Farbauftrag legte die Guttazeichnung die groben Umrisse und Linien fest.

Danach folgte die Malerei in freier, expressiver Art.

Um einen pastelligen Untergrund zu erzielen, sollten Sie die Seide zuvor mit Wasser einstreichen. Anschließend kann der Farbauftrag erfolgen.

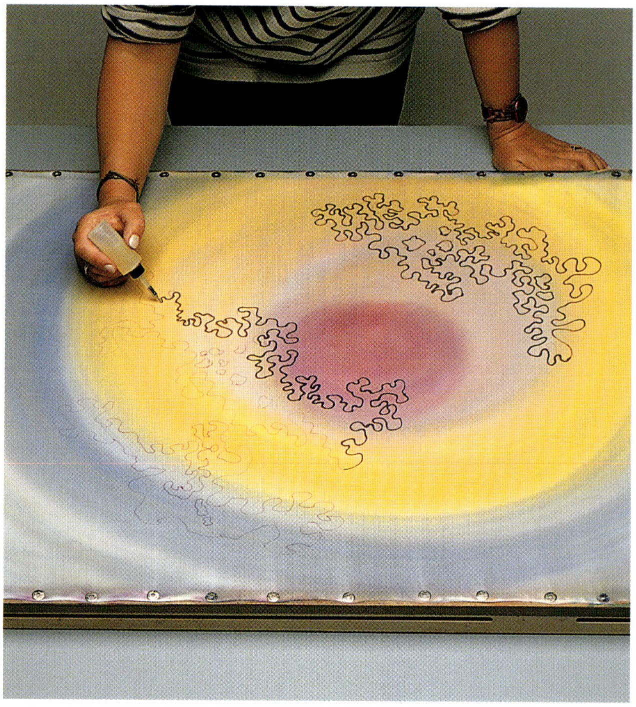

Nach Trocknen der Seide mit dem Fön, der Untergrund muß absolut trocken sein, zeichnen Sie das Motiv mit transparenter Gutta auf.

Farbige Konturenfarbe

Genauso wie ein farbloses Konturenmittel wird die Konturenfarbe auch mittels Malflasche und Feder auf die Seide aufgetragen. Sie ist wasserunlöslich und kann auch nicht mehr mit Benzin entfernt werden, dadurch fühlt sich die Kontur etwas härter an und ist für Kleidung nur bedingt geeignet. Nach einer gewissen Trockenzeit reserviert sie die Seide zuverlässig. Im Handel wird farbige Konturenfarbe auch in kleineren Tuben angeboten.

Farblose Gutta oder Konturenmittel auf farbigem Grund

Grundsätzlich gilt, daß farblose Gutta oder Konturenmittel immer den Farbton des Untergrundes annimmt. Das bedeutet, auf weißem Grund erscheinen die Linien auch weiß. Vielleicht möchten Sie jedoch keine weiße Stelle auf Ihrer Seidenfläche. Dann müssen Sie in der »Schichttechnik« arbeiten:

Mit mehreren dunklen Farbtönen wird das Guttamotiv ausgemalt.

Lauter kleine Puzzleteilchen schweben vor einem hellen Untergrund. Besonders die dunklen Farben des Motives heben den hellen Hintergrund deutlich hervor.

Da die Puzzleformen nur innen ausgemalt sind, bleibt nach dem Farbfixieren und dem Entfernen der Gutta keine Linie sichtbar.

Spannen Sie die Seide auf den Rahmen auf und streichen Sie den Untergrund mit Wasser ein. Anschließend grundieren Sie die Seide in pastelligen Farben, die Sie ineinander übergehen lassen. Bedenken Sie bei der Farbauswahl, daß jede weitere Farbschicht nur auf pastelligem Grund zur Geltung kommt. Danach trocknen Sie die Seidenfläche. Mit der Malflasche zeichnen Sie die Konturen auf die Seide, die nach einer Trockenzeit ausgemalt werden können. Auf diese Weise läßt sich farblich Schicht über Schicht setzen, ohne daß die Linie selbst sichtbar werden muß. Abschließend das Seidenstück fixieren und Gutta oder Konturenmittel entfernen.

Für Ihre Farbauswahl beginnen Sie mit dem hellsten Farbton und beenden die letzte Farbschicht mit dem dunkelsten Ihrer Farbskala.

Diese fröhlich-bunte Seidenkreation erinnert an orientalische Muster. Nach genauer Vorzeichnung und Guttazeichnung wurden nur noch die einzelnen Farbfelder ausgemalt.

Nichts für Ungeduldige ist dieses Seidenmosaik! Es setzt voraus, daß jedes einzelne Mosaiksteinchen direkt zweimal – einmal als Vorzeichnung und danach als farbige Konturenzeichnung – auf die Seide übertragen und anschließend ausgemalt wird. ▶

Das prächtige Seidentuch mit Fischmotiv ist ein klassisches Beispiel für die Seidenmalerei. Daher ist es auch zum Nacharbeiten auf dem Vorlagenbogen zu finden. Stellen Sie die Tuchfarben sowie die Farben der Kontur ganz individuell auf Ihre Kleidung ab.

Paisley über alles! Noch ein ideales Motiv, daß Sie leicht auf Ihre Kleidung abstimmen können. Angenehm weich fällt das Seidentuch um den Hals, wenn Sie transparente Gutta oder farbloses Konturenmittel verwenden. Sie finden dieses Tuchmotiv zum Nacharbeiten auf dem Vorlagenbogen.

Endbehandlung der Seide

Alle Seidenmalfarben müssen nach dem Malen zur weiteren Verwendung haltbar gemacht werden. Durch Fixierung wird die Farbe dauerhaft an den seidigen Untergrund gebunden. So kann selbst eine spätere Reinigung der Seide den Farben nichts mehr anhaben. Wählen Sie die Art der Farbfixierung gemäß Ihren Seidenmalfarben.

Fixieren der Farben durch Bügeln

Die wohl einfachste und schnellste Art ist die Fixierung der Bügelfarben. Bügeln Sie einfach Ihr Werkstück von der linken Seite. Danach können die Farben selbst unter Wasser nicht mehr gelöst werden.

Fixieren der Farben durch Dampf

Die Dampffixierfarben werden von heißem Wasserdampf in die Seidenfaser einfixiert. Das ist ein wenig umständlicher als das Bügeln der Seide, jedoch wird der Aufwand belohnt durch Farbbrillanz und weiche Griffigkeit der Seide. Dies ist vor allem bei großformatigen Seidenstücken und für Kleidung wichtig. Größere Seidenformate sollten, um unschöne Knitter zu vermeiden, im Profigerät fixiert werden. Kleinere Seidenstücke lassen sich problemlos im Dampfkochtopf zu Hause fixieren.

Rollen Sie Ihr Seidenstück zusammen in mehrere Lagen Zeitungspapier, das mindestens 2 bis 3 Wochen alt ist. So kann vermieden werden, daß Druckerschwärze auf die Seide übertragen wird. Knicken Sie die Zeitungsrolle zu einem kleinen Paket, um das weitere Zeitungslagen herumgewickelt werden. Zum Schluß das handliche Paket

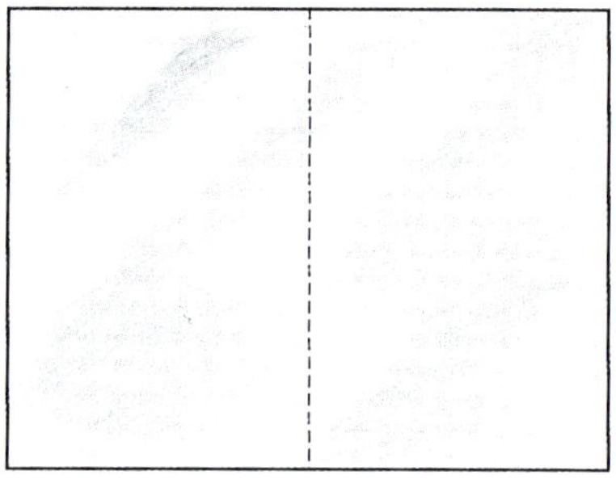

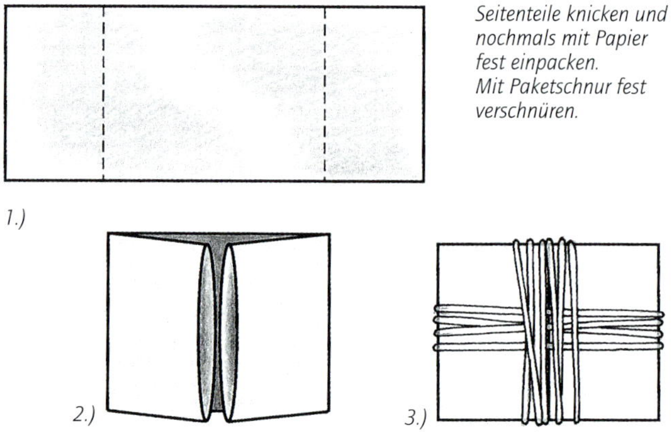

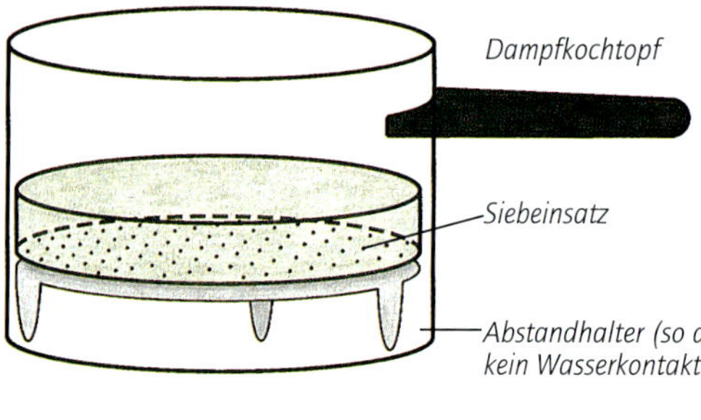

Fixiergut auf Siebeinsatz legen. Anschließend mit Alufolie gut bedecken. Von unten bleibt Fixiergut frei, damit der Wasserdampf emporsteigen kann.
Alufolie dient lediglich dazu, das Fixiergut von oben vor herabtropfendem Kondenswasser zu schützen. Kann so auf Folie zur Seite abtropfen und perlen!

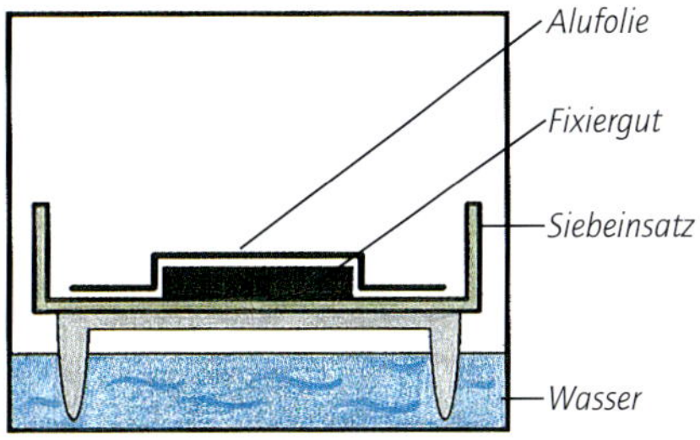

mit Paketschnur sichern und auf den Siebeinsatz des Kochtopfes legen. Anschließend bedecken Sie das Fixiergut zusätzlich mit Alufolie. So kann die Hitze durch die Löcher des Einsatzes an die Seide, das Kondenswasser perlt von oben jedoch an der Alufolie zur Seite ab. Wasser nun auf 3,5 cm Maximalhöhe in den Topf einfüllen und mittels Abstandhalter den Siebeinsatz plazieren. Das Fixiergut darf auch während des Kochvorgangs keinen Wasserkontakt haben. Deckel schließen und bei erster Ringstellung ca. 3 bis 4 Stunden fixieren. Kontrollieren Sie auf jeden Fall, daß noch genügend Dampf im Topf vorhanden ist. Gegebenenfalls Wasser nachfüllen. Fixiergut nach Entfernen des Deckels und Folie gut auskühlen lassen. Etwaige Farbüberschüsse, das Fixierpapier hat sie zum größten Teil schon aufgenommen, können anschließend in kaltem Wasser gelöst werden.

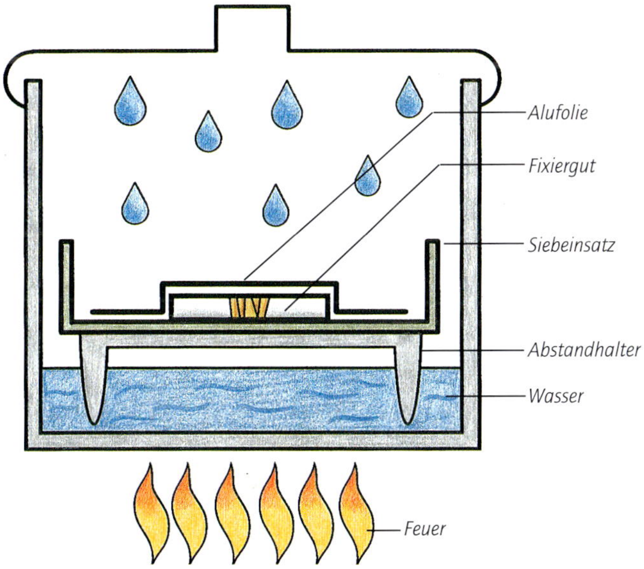

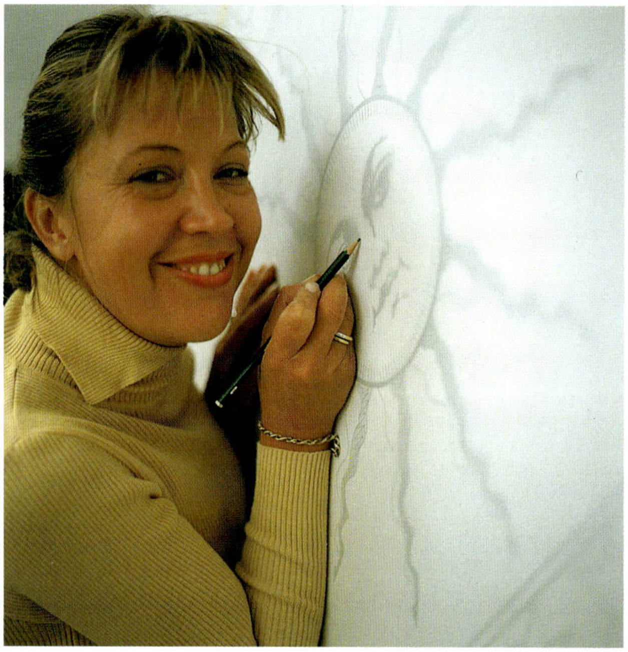

Die Autorin

Brita Hansen, geboren 1955 in Köln

1975 - 1981	Kunststudium an der FHS Köln
seit 1981	Konzentration auf textile Kunst und Gestaltung
seit 1982	Unterricht in Keramik und Seidenmalerei an verschiedenen Instituten und privaten Workshops
seit 1983	Vorstellung von handgemalten und handgearbeiteten Kleidungsstücken und Artwear Modenschauen in Europa, USA und Brasilien
seit 1989	Autorin von Seidenmalbüchern

Die im Buch veröffentlichten Ratschläge wurden von Verfasserin und Verlag sorgfältig erarbeitet und geprüft. Eine Garantie kann dennoch nicht übernommen werden, ebenso ist eine Haftung der Verfasserin bzw. des Verlages und seiner Beauftragten für Personen-, Sach- und Vermögensschäden ausgeschlossen.

*Fotografie: Klaus Lipa, Augsburg
Lektorat: Michael Schönberger
Umschlagkonzeption: Kontrapunkt, Kopenhagen
Umschlaglayout: Charmaine Müller
Layout: Anton Walter, Gundelfingen*

Augustus Verlag, Augsburg 1999

*Satz: Gesetzt aus 11 Punkt Quay ITC book italic in Quark-X-Press von Walter Werbegrafik, Gundelfingen
Reproduktion: Color-Line, I-Verona
Druck und Bindung: Appl, Wemding*

Printed in Germany

Gedruckt auf 115 g umweltfreundlich elementar chlorfrei gebleichtem Papier.

*Genehmigte Lizenzausgabe für C. Kreul Künstler.Farben.Fabrik.
91301 Forchheim*

Artikelnummer: 94425